INSTITUT DE FRANCE.

L'ÉDUCATION DES FEMMES

AU MOYEN AGE

PAR M. CHARLES JOURDAIN

DE L'ACADÉMIE DES INSCRIPTIONS ET BELLES-LETTRES.

Fragment lu dans la séance publique annuelle des cinq Académies le mercredi 25 octobre 1871.

PARIS

TYPOGRAPHIE DE FIRMIN DIDOT FRÈRES, FILS ET Cie

INSTITUT DE FRANCE.

L'ÉDUCATION DES FEMMES AU MOYEN AGE

PAR M. CHARLES JOURDAIN

DE L'ACADÉMIE DES INSCRIPTIONS ET BELLES-LETTRES.

Fragment lu dans la séance publique annuelle des Cinq Académies le mercredi 25 octobre 1871.

MESSIEURS,

Quand on a devant les yeux le tableau des Universités qui furent établies du treizième au quinzième siècle dans les différents pays de l'Europe, et particulièrement en France ; quand on considère la multitude des colléges dont elles se composaient, et les priviléges importants concédés aux écoliers et à leurs maîtres par les papes et par les rois, enfin ce grand nombre de bourses fondées en faveur des étudiants pauvres : quelque lent que paraisse le progrès des études et des sciences durant le moyen âge, on ne saurait méconnaître que l'éducation de la jeunesse n'ait été alors une des plus constantes préoccupations de l'Église et de la royauté, des seigneurs féodaux et de la bourgeoisie. L'éducation des filles fut-elle pour nos pères l'objet de soins aussi diligents et aussi soutenus que celle des garçons? Il serait déraisonnable et frivole de le prétendre. Fénelon (1) se plaignait que de son temps rien ne fût plus négligé que l'éducation des filles; combien de fois les moralistes de nos jours n'ont-ils pas élevé la même plainte contre le siècle présent! Ne soyons donc pas surpris si le moyen âge a encouru le reproche auquel, malgré notre brillante civilisation, nous n'avons pas su échapper, et s'il n'a pas pourvu avec plus de diligence qu'il n'a fait, aux moyens de répandre, parmi les femmes elles-mêmes, à tous les degrés de l'échelle sociale, le bienfait de l'instruction. Cependant, même aux époques les plus sombres de l'histoire depuis la chute de l'empire romain, jamais ce grand intérêt n'a été complétement oublié. Afin d'éviter de trop longs développements qui seraient inopportuns, négligeons, s'il le faut, les écoles monastiques si répandues au moyen âge, et d'où sont sorties, de Charlemagne à saint Louis, et de Philippe le Bel à Charles VIII, tant de femmes remarquables, non-seulement par leurs vertus publiques ou privées, mais par la variété des connaissances, et quelquefois même par le talent d'écrire. Considérons seulement l'éducation que j'appellerai mondaine et l'éducation populaire, et voyons

---

(1) *De l'Éducation des filles*, ch. I.

quelles ont été les vicissitudes et la destinée de l'une et de l'autre depuis le treizième siècle jusqu'à la prise de Constantinople.

Sous le nom d'éducation mondaine, nous désignons l'éducation qui se donnait dans les manoirs féodaux et dans quelques maisons opulentes de la bourgeoisie, celle, par exemple, que durant leur jeunesse avaient reçue les nobles dames qui figuraient dans les tournois, dans les chasses et dans les cours d'amour, qui étaient l'ornement de toutes les fêtes, lisaient les romans de chevalerie, protégeaient les poëtes et les artistes, n'étaient pas insensibles à la beauté d'un manuscrit, et, sans abjurer le christianisme, ne se défendaient pas d'aimer ni de rechercher tout ce qui peut contribuer à l'embellissement de la vie. On les rencontre également au nord et au midi, à la cour des comtes de Toulouse et de Provence, et à celle des rois de France. Elles accueillent, elles inspirent les troubadours comme les trouvères ; elles cultivent elles-mêmes la poésie et composent des tensons et des lais. Au midi, ce sont, pour nous borner à quelques noms, la comtesse de Die (1); Alys d'Anduze et Clara d'Anduze (2); Marie de Ventadour (3); Béatrix de Provence, femme du comte Raymond Bérenger (4); la princesse Marguerite de Provence, sa fille, qui épousa saint Louis ; sa seconde fille, Éléonore de Provence, qui fut mariée à Henri III, roi d'Angleterre, et qui passe pour avoir

(1) *Hist. litt. de la France*, t. XV, p. 446 et s..
(2) *Hist. litt.*, t. XV, p. 23; t. XIX, p. 473 et s. ; 477 et s.
(3) *Hist. litt.*, t. XVII, p. 558 et s.
(4) *Hist. litt.*, t. XIX, p. 443, 508, 532.

composé dans sa jeunesse un roman provençal, *Blandin de Cornouailles* (1). Au nord, il serait facile de dresser une liste nombreuse de nobles châtelaines et de princesses de sang royal, qui se distinguèrent par leurs goûts littéraires. On y verrait figurer la sœur de Philippe Auguste, Marie, comtesse de Champagne, qui est nommée dans les chansons de Quênes de Béthune, et sur la demande de laquelle Chrétien de Troyes composa le roman *de la Charrette* (2); la seconde femme de Philippe le Hardi, Marie de Brabant, la protectrice du poëte Adenez qui lui dédia les *Enfances d'Ogier*, et écrivit sous ses yeux le roman de *Cléomadès* (3); une femme vraiment animée du souffle de la poésie, Marie de France, l'auteur du *Purgatoire de Saint Patrice*, et de lais fameux, qui, s'il faut en croire un contemporain (4), faisaient les délices des comtes, des barons, des chevaliers et surtout des dames; enfin, dans les dernières années du quatorzième siècle, une autre femme du mérite le plus rare, supérieure à Marie de France, par la variété des aptitudes et par l'étendue des travaux, assez richement douée pour avoir réuni dans sa personne l'inspiration du poëte à la gravité réfléchie du moraliste et à la fidélité de l'historien: nous avons nommé Christine de Pisan.

Entre le cloître avec son inflexible austérité et ces femmes

---

(1) Fauriel, *Hist. de la poésie provençale*, t. III, p. 92 et s.; *Hist. litt.*, t. XXI, p. 823 et s.

(2) D'Arbois de Jubainville, *Hist. des comtes de Champagne*, t. IV, p. 640 et s.

(3) *Hist. litt.*, t. XX, p. 682 et s., p. 710 et s.

(4) Voyez *Tristan. Recueil de ce qui est resté des poëmes relatifs à ses aventures*, publié par Francisque Michel. Londres, 1835, in-8°, t. I, p. CXVIII.

brillantes, quelques-unes légères, toutes mêlées plus ou moins aux pompes et aux plaisirs du siècle, qu'y avait-il de commun, la religion mise à part ? Sauf quelques exceptions honorables, elles n'avaient pas la solide et sérieuse instruction que le cloître donnait à celles qui l'avaient fréquenté ; mais elles possédaient le sentiment des arts, une science aimable et une délicatesse de goût, dont ni le modèle ni la source n'était dans le cloître. Comment leur esprit et leur cœur s'étaient-ils formés ? Quelle avait été leur éducation ? Ce point est celui de tous peut-être qui présente le plus d'obscurité ; car c'est celui qui touche de plus près à la vie privée, non moins difficile à observer dans le palais des grands que dans la modeste habitation du roturier. Nous ne saurions nous contenter des renseignements en petit nombre fournis par les historiens qui ne descendent pas en général à ces détails d'intérieur, négligés même des biographes ; mais nous trouverons d'utiles indications chez les poëtes. Lacurne de Sainte-Palaye (1) fait remarquer que nos vieux romanciers appliquaient presque toujours au temps dont ils faisaient l'histoire, vraie ou fabuleuse, les usages des temps où ils vivaient. Nos auteurs de fabliaux peuvent aussi être considérés jusqu'à certain point comme les peintres des mœurs contemporaines. Nous sommes donc en droit de les interroger, les uns comme les autres, sur l'éducation des femmes de leur temps.

Dans une pièce de vers qui fait partie du recueil de

---

(1) *Mémoires de l'Académie des inscriptions*, t. XVII, p. 794.

M. Raynouard (1), un troubadour, Pierre Corbiac, décrit les connaissances variées qu'il avait su acquérir par son travail, et qui composaient pour lui un trésor plus précieux, plus cher et de plus de valeur que « fin or et argent ». Il avait d'abord été initié aux mystères de la création, à l'origine du péché, au bienfait de la rédemption, en un mot aux vérités de la foi contenues dans l'histoire de l'Ancien et du Nouveau Testament. Il avait étudié ensuite les sept arts libéraux, et notamment la rhétorique, c'est-à-dire l'art de colorer les paroles et d'y répandre de l'agrément. Puis, il avait appris à fond sa propre langue, la langue populaire, ne voulant point faire de barbarisme, ni dans le choix des mots ni dans la prononciation. Il n'avait négligé ni l'arithmétique, ni la médecine, ni l'astronomie, ni même la nécromancie. Il savait la musique, et il avait étudié suivant la méthode de Boèce et de Gui d'Arezzo le système des gammes et les règles des accords. Il jouait de plusieurs instruments, et possédait l'art de composer des lais et des chansons à refrains avec leurs airs. Pour compléter son éducation, Pierre Corbiac s'était livré à la lecture des romans. Les aventures de Brutus dans la Grande-Bretagne, sa victoire sur les géants et les prophéties de Merlin, ne lui étaient pas moins familières que les hauts faits de Romulus et de César, de Charlemagne et de Roland. Versé enfin dans la musique sacrée, il savait chanter au lutrin, entonner les versets et les répons.

Dans la pièce que nous venons d'analyser, il s'agit de l'édu-

(1) *Choix de poésies des troubadours*, t. V, p. 310; *Hist. litt.*, t. XIX, p. 500 et s.

cation d'un troubadour, et non pas de celle d'une jeune fille; et cependant cette pièce renferme plusieurs traits qui conviennent à la jeune fille de haut lignage, élevée dans le manoir paternel, sous les yeux de sa mère, avec le concours des maîtres étrangers.

Comme le troubadour et le trouvère, comme la novice dans son cloître, comme tous les enfants nés en pays chrétien, ces enfants des grandes familles étaient initiées avant tout aux vérités de la religion; elles apprenaient l'*Oraison dominicale*, la *Salutation angélique*, le *Symbole*, et quelques faits principaux de l'Ancien et du Nouveau Testament. Quant à la partie profane de leur éducation, elle avait compris anciennement, au XIIIe siècle elle comprenait encore, au moins par exception, les éléments du latin; mais elle avait certainement pour fond la langue vulgaire.

Notre savant confrère, M. Guessard, a publié deux grammaires provençales qui remontent au XIIIe siècle (1). Bien que les auteurs de ces grammaires, Hugues Faidit et Raymond Vidal, paraissent les avoir destinées aux troubadours, les règles tracées dans celle de Hugues Faidit, qui est imitée de Donat, comme l'annonce le titre même de l'ouvrage, *Donats Proensals*, sont cependant peu compliquées et n'offrent rien qui soit au-dessus de la portée de la jeunesse.

Un des correspondants de l'Académie, M. Thomas Wright, a de son côté retrouvé et mis en lumière (2) un vocabulaire

---

(1) *Grammaires provençales de Hugues Faidit et de Raimond Vidal de Besaudan*, 2e édit. Paris, 1858, in-8°.

(2) Wright, *A volume of vocabularies*, etc., 1857, in-4°, p. 142 et s.; Victor le Clerc, *Discours sur l'état des lettres au XIVe siècle*, édit. in-8°, t. I, p. 440.

français que, sur la fin du treizième siècle, un chevalier anglais, Gautier de Biblesworth, grammairien et poëte très-oublié de nos jours, composa en vers pour Lady Dionysia de Monchensi, du comté de Kent. Ce curieux doctrinal, dans lequel les règles du langage sont mêlées à des préceptes de conduite, offre cette particularité que le mot anglais s'y trouve assez souvent sous le mot français. En France, chose singulière! on ne découvre au XIIIe siècle aucun livre du même genre, mais de simples abécédaires, tels que celui qui fut acheté 45 sous tournois le 30 mars 1415 pour une petite-fille du duc d'Orléans, alors âgée de six ans (1); de sorte que nous devons à l'Angleterre un de nos vocabulaires les plus anciennement connus après les vocabulaires latin-français, de même que nous lui devons notre première grammaire savante, *l'Éclaircissement de la langue française*, ouvrage composé par Jean Palsgrave un siècle et demi plus tard. Cependant, malgré cette absence de traités didactiques, lorsque notre langue non-seulement était apprise par les dames étrangères, mais était préférée par Brunetto Latini à l'italien, comme « la parleure la plus délitable et plus commune à toutes gens »; pouvons-nous admettre qu'elle n'ait pas, comme le provençal, fourni à nos ancêtres la matière de quelques préceptes et d'un enseignement tout au moins oral, tant pour les filles que pour les garçons?

Ce qu'il y a de certain, c'est que, dès le treizième siècle, certaines familles nobles des pays étrangers envoyaient leurs

---

(1) L. Delisle, *le Cabinet des manuscrits de la Bibliothèque impériale*. Paris, 1868, in-4°, t. I, p. 104.

enfants en France pour y apprendre, disent les chroniqueurs, « le langage de France ». C'est le motif qui avait fait placer par leurs parents, à l'abbaye de Saint-Nicolas du Bois, sous le règne de saint Louis, trois malheureux enfants, originaires de Flandre, que le sire de Couci fit pendre pour délit de chasse (1).

Outre la langue maternelle, les études des nobles damoiselles et d'un petit nombre d'enfants de la haute bourgeoisie comprenaient la récitation des fabliaux et des romans, le chant, l'art de s'accompagner sur les instruments le plus en vogue, comme la harpe et la viole; un peu d'astrologie, un peu de fauconnerie, la science des dés et des échecs, si familière à la société féodale, enfin les connaissances médicales nécessaires pour soigner au retour d'un tournoi, d'une chasse ou d'un combat les chevaliers blessés.

Sur ce dernier point nous nous contenterons de renvoyer aux textes savamment rapprochés par M. de Roquefort dans une note de son recueil des *Poésies de Marie de France* (2). Sur les autres points nous ne manquons pas de témoignages aussi concordants qu'on peut le désirer.

Et d'abord un document daté du mois de mars 1287, et dont nous devons la communication à l'obligeante érudition de M. Léopold Delisle, peut donner une idée des livres qui composaient, sur la fin du treizième siècle, la bibliothèque

---

(1) Guillaume de Nangis, *Recueil des Historiens de France*, t. XX, p. 398.

(2) Paris, 1832, in-8°, t. II, p. 197 et s. Voyez aussi Fr. Michel, *Roman de la Violette ou Gérard de Nevers, par Gibert de Montreuil*. Paris, 1834, in-8°, p. 104 et s.

d'une famille flamande, et qu'une mère, en mourant, laissait à ses enfants : c'est le testament de dame Maroie Payenne, bourgeoise de Tournai, dont l'original existe à la Bibliothèque nationale. Entre autres dispositions de dernière volonté, la testatrice déclare léguer « à Jakemin, son fils, une décrétale en langue romane et son grand safir; à Katerine, sa fille, le livre de Nostre-Dame et l'esmeraude; à Hanekin, le psautier en roman et le livre des Estoiles; à Gontelet, le livre des Pères; à Biernart, le roman du *Chevalier du Cygne.* » Voilà donc les ouvrages, les uns sacrés, les autres profanes, tous en langue vulgaire, que dame Payenne avait possédés et qui n'étaient pas sans prix pour elle, ni pour ses héritiers, puisqu'elle en faisait, en même temps que ses bijoux, l'objet d'une disposition particulière de son testament.

Écoutons maintenant le témoignage des romanciers et des poëtes.

Dans un passage cité par M. Francisque Michel (1), l'auteur du *Chevalier aus .ij. espées* dit en parlant d'une jeune fille :

Et lisoit d'un roman de Troie
K'ele avoit tantost commencié.

Le prince Floire et son amie Blanceflor, dans le roman qui porte leur nom (2), élevés tous deux sous le même toit :

Livres lisoient paienors....
Et quant à l'escole venoient

---

(1) *Roman de la Violette,* p. XLII.

(2) *Floire et Blanceflor*, poëme du XIIIe siècle, publ. par M. Ed. du Méril, Paris, 1856, in-18, p. 11 et 12.

Lor tables d'yvoire prenoient,
Adont leur véissiez escrire
Letres et vers d'amors....

Dans le conte de *la Dame qui disoit eures de Nostre Dame et vigiles de mors*, le poëte s'exprime en ces termes touchant ce personnage :

Et fu courtoise et avenant,
Latin sost bien lire et roumant.

Fleur d'Épine, la fille de Machabré, roi des Sarrasins, qui joue un rôle principal dans le poëme de *Gaufrey*, avait une instruction plus variée. Non-seulement elle savait, dès l'âge de quatorze ans et demi, parler latin et entendre roman, jouer aux dés et aux échecs; mais elle se connaissait mieux que femme du monde au cours des étoiles et de la lune.

Et du cours des étoiles et de la lune luisant
Savoit moult plus que fame de chest siècle vivant (1).

Dans les *Enseignemens de Trébor*, ce dernier dit à son fils :

Fiz, se tu sez contes conter,
Ou chansons de geste chanter,
Ne te laisse pas trop proier.

L'abbé de la Rue s'est cru autorisé à conclure de ces vers que l'art de réciter des fabliaux et de chanter des chansons

---

(1) *Gaufrey*, chanson de geste publiée par MM. Guessard et Chabaille. Paris, 1859, in-18, p. 55.

de geste faisait alors partie de l'éducation, et que l'habileté dans cet art était, selon le langage du temps, une preuve de gentillesse et de courtoisie (1). A l'appui de la même thèse, nous pouvons produire un autre texte plus complet, et d'autant plus précieux pour nous, qu'il concerne spécialement l'éducation des femmes. Ainsi, dans le roman de *Floris et Liriope*, qui forme un épisode du poëme de *Beaudous*, le poëte Robert de Blois décrit en ces termes les talents que Liriope possédait (2) :

Faucon, tercieul et esprivier
Sout bien porter et afaitier;
Moult sot d'achas, moult sot de tables,
Lire romans et conter fables,
Chanter chansons, envoiséures ;
Toutes les bonnes apresures
Que gentil fame savoir doit
Sout elle, que riens n'i falloit.

Dans une autre partie du poëme de *Beaudous*, qui forme une pièce séparée sous le titre de : *Chastiement des dames* (3), Robert de Blois s'est gardé d'oublier le chant parmi ses préceptes :

Se vous avez bon estrument
De chanter, chantez hautement.
Biaus chanters en leu et en tans
Est une chose moult plesant.

---

(1) *Essais historiques sur les bardes, les jongleurs et les trouvères normands et anglo-normands*. Caen, 1834, in-8°, t. I, p. 150. Cf. *Hist. litt.*, t. XXIII, p. 236.

(2) *Hist. litt.*, t. XXIII, p. 745.

(3) Barbazan et Méon, *Fabliaux et Contes*, etc. Paris, 1808, t. II, p. 198.

Aussi Tristan, « ki bien sa· ·t harper », dit Marie de France, avait-il appris cet art à ·· ·alt :

Bons lais de harpe vus apris,
Lais bretuns de vostre pais.

Et dans le *Roman de la Violette*, le poëte fait défiler devant nous les dames et les damoiselles qui sont les hôtes du roi, chacune à son tour chantant, après le festin, une chanson amoureuse, œuvre de quelque trouvère (1).

Pour revenir des fictions du roman aux réalités de l'histoire, on n'ignore pas combien la musique était en honneur, sous les premiers Valois, auprès des princes et des princesses. Dans son remarquable *Discours sur l'état des arts au XIVe siècle* (2), notre savant confrère, M. Renan, rappelle que le premier dauphin, fils de Charles VI, jouait de la harpe et de l'épinette; qu'Isabeau de Bavière et Valentine de Milan jouaient de la harpe. Leurs comptes, en effet, mentionnent assez fréquemment soit l'achat de cordes, soit des payements aux faiseurs de harpes pour avoir appareillé et mis à point leurs instruments.

En continuant à compulser les documents contemporains, nous ne doutons pas qu'on ne découvrît d'autres témoignages qui confirmeraient ceux que nous venons de citer. Il nous paraît démontré par là que, dans l'éducation des jeunes filles, de noble extraction le plus souvent, qui n'étaient pas en-

---

(1) *Tristan*, etc., p. 106 et 146; *Poésies de Marie de France*, t. I, p. 398. Cf. *Roman de la Violette*, p. 69.

(2) Édit. in-8°, t. II, p. 285.

voyées au cloître et que leurs parents faisaient élever sous leurs yeux, la littérature française et quelques arts d'agrément occupaient une grande place. De même que nous mettons entre les mains de nos enfants Homère et Sophocle, Virgile et Horace, Corneille et Racine, Fénelon et Bossuet, les œuvres qui honorent le plus les lettres et que nous jugeons les plus propres à former l'esprit et le cœur de la jeunesse, de même, au XIIIe et au XIVe siècle, on laissait lire aux jeunes filles les romans du cycle de Charlemagne et ceux du cycle d'Arthur ou du cycle d'Alexandre, d'abord parce que ces vastes épopées étaient les seuls poëmes qu'on possédât, et en second lieu parce qu'elles paraissaient être le chef-d'œuvre de l'art, et cela avec d'autant plus de vraisemblance qu'elles étaient dès lors adoptées, admirées et imitées dans toute l'Europe.

Que beaucoup de mères prudentes et pieuses préférassent comme sujet de lecture pour leurs filles les Vies des Saints et la *Légende dorée*, dont il existait des traductions, nous n'y contredisons pas. Nous accordons qu'il s'est trouvé au XIVe et au XVe siècle plus d'une femme, plus d'une mère, telle que le panégyriste du *Chevalier sans reproche* nous dépeint, un siècle plus tard, la première femme du seigneur de la Trémouille, Gabrielle de Bourbon, qui « se délectoit sur toutes choses à ouyr parler de la Saincte Escriture, sans trop s'enquérir des secrets de théologie », et « emploioit une partie des jours à composer petitz traictez à l'honneur de Dieu et à l'instruction de ses damoiselles » (1).

---

(1) Jean Bouchet, *Panégyric du chevalier sans reproche*, chap. 20, dans la collection Michaud et Poujoulat, série 1re, t. IV, p. 443.

Cependant on ne saurait méconnaître que l'éducation des femmes est en général appropriée à leur condition et au genre de vie qu'elles seront appelées à mener dans la suite. Or, au moyen âge, à la cour du roi et dans les châteaux de la noblesse, les romans et les fabliaux fournissaient une matière inépuisable de divertissements très-goûtés. Devant un cercle attentif, le jongleur récitait tantôt quelques fragments détachés d'un grand poëme, tantôt des fables et des lais, ou des chansons d'amour. Quelquefois, comme on le voit dans le roman de *la Violette*, de nobles dames remplissaient elles-mêmes l'office de jongleur. Puis, quand la récitation et le chant avaient cessé, les vers du poëte, le caractère et les aventures des personnages mis en scène étaient un sujet d'entretien; c'est Marie de France elle-même qui nous l'apprend :

Et quant icel lai ot feni,
Li chevalier après parlèrent ;
Les aventures racontèrent
Que soventes fois sont venues
Et par Bretaigne sont véues (1).

Comment les jeunes filles destinées à prendre part un jour à ces passe-temps littéraires n'auraient-elles pas été initiées d'assez bonne heure à la connaissance de cette littérature si goûtée, de ces œuvres poétiques et romanesques, qui volaient alors de bouche en bouche et qui charmaient le peuple comme les grands ?

---

(1) *Poésies de Marie de France*, t. I, p. 551. Cf. *Roman de la Violette*, p. 6, 152, 307, 308, etc.

Il est manifeste d'ailleurs qu'une éducation qui admettait la lecture, l'étude même des trouvères, ces inventeurs si audacieux pour le fond de la pensée, et si peu chastes dans l'expression, n'offrait rien de rassurant pour les bonnes mœurs. Elle ne pouvait pas contribuer à les faire fleurir dans les familles, et, loin de là, elle exposait les imaginations aussi bien que les cœurs à de funestes égarements.

Je crois qu'on peut attribuer en partie à l'influence des fabliaux et des romans, quels qu'ils soient, romans d'aventures, romans allégoriques et même chansons de geste, les idées qu'une fraction de la société du moyen âge s'était formées de l'amour hors du mariage, idées qui sous des noms spécieux cachaient de si graves erreurs de doctrine, et autorisaient de si honteux scandales. Aussi le chancelier de Gerson a-t-il écrit un traité en règle contre le *Roman de la Rose* (1), que dans une sorte d'allégorie morale il fait dénoncer par la justice aux magistrats dépositaires de l'autorité, comme un livre de perdition qui prêche à la jeunesse l'amour du plaisir, la dégoûte du mariage, excite les plus mauvaises passions, sape tous les fondements de la morale chrétienne.

L'auteur du *Songe du vieux pèlerin* ne fait point appel au bras séculier contre le danger social des mauvaises lectures, mais s'adressant au jeune roi Charles VI : « Tu te dois, dit-il à ce prince, delecter en lire ou oyr les anciennes histoires pour ton enseignement..... Tu te dois garder

---

(1) *Contra Romantium de Rosa*, Opp., Antwerpiæ, 1706, in-fol., t. III, col. 297 et s.

des livres et des romans qui sont remplis de bourdes, et qui attraient le lisant souvent à impossibilité, à folie, vanité et pechié (1). »

Enfin, dans son livre de l'*Éducation de la femme chrétienne*, *de Institutione feminæ christianæ* (2), Louis Vivès n'hésite pas à condamner aussi la lecture des romans comme funeste à la vertu des femmes. Autant il insiste pour que les jeunes filles reçoivent une solide instruction qui n'a jamais, suivant lui, perverti aucune âme, et qui en a sauvé plusieurs de la contagion du vice (3), autant il désapprouve qu'elles perdent leur temps à lire les *Aventures d'Amadis*, de *Tristan* et de *Lancelot du Lac*, et autres ouvrages d'écrivains dénués de sens, dit-il, et ayant vécu dans l'oisiveté ou dans le vice (4).

On peut conclure de la protestation de Jean de Gerson et de celle de Vivès que la vogue de nos vieux romanciers ne cessa point de tout le moyen âge, et qu'elle

(1) Passage cité par M. Le Clerc, *Discours sur l'état des lettres, etc.*, t. I, p. 245.

(2) *J. Lud. Vivis opera*, Valentiæ Edetanorum, 1783, in-fol., t. IV, p. 65 et suiv.

(3) *Ibid.*, p. 79 : « Nullam fere inveniemus doctam impudicam, immo vero pleraque omnia feminarum hujus et superiorum seculorum vitia..... ex inscitia sunt profecta.... »

(4) *Ibid.*, p. 86 : « Miror cordatos patres hoc suis filiabus permittere,.... ut nequitiæ feminæ assuescant legendo.... » Pag. 87 : « Tum et de pestiferis libris, cujusmodi sunt in Hispania Amadisius, Splandianus, Florisandus, etc...; in Gallia Lancilotus a Lacu, Paris et Vienna, Ponthus et Sidonia, etc.... : quos omnes libros conscripserunt homines otiosi, male feriati, imperiti, vitiis ac spurcitiæ dediti.... Feminæ hi omnes libri non secus quam vipera vel scorpius aversandi sunt.... »

persistait encore au seizième siècle. Elle se prolongea en effet jusqu'à Cervantes, qui lui porta le coup mortel.

Mais la société du moyen âge, quel que fût alors l'empire de la religion, paraît avoir été, en fait d'éducation, moins sévère que d'autres époques plus sceptiques. Elle n'avait pas au même degré que nous le respect de l'enfance, ni l'appréhension de troubler sa sérénité et sa pudeur par des récits équivoques et par des tableaux licencieux. J'en trouve la preuve non pas seulement dans les invectives généreuses du chancelier de Gerson contre l'inexprimable incurie des parents (1), mais dans un ouvrage qui a eu quelque renom, dans le *Livre du chevalier de la Tour*, que Geoffroy, seigneur de la Tour Landri, écrivit en 1371 et en 1372 pour l'éducation de ses trois filles (2). L'auteur au début annonce le projet de décrire « les bonnes mœurs et bons faits des bonnes dames, afin que toutes dames et demoiselles y puissent prendre bon exemple et belle contenance et bonne manière. » Mais, pour mieux leur enseigner à se garder du mal, le chevalier de la Tour décrit également « la meschanceté d'aucunes femmes mauvaises qui malusèrent et eurent blasme ». Aussi, dans le cours de l'ouvrage, combien d'anecdotes et de tableaux qui bravent l'honnêteté, et que nous rougirions de laisser lire à nos enfants,

---

(1) *Adversus corruptionem juventutis per lascivas imagines.* Opp., t. III, col. 292.

(2) *Le Livre du chevalier de la Tour Landry pour l'enseignement de ses filles*, publié par M. Anatole de Montaiglon. Paris, 1854, in-18. Cf. Legrand d'Aussy, *Notices et extraits des manuscrits*, t. V, p. 158 et s.; Paulin Paris, *les Manuscrits françois de la Bibliothèque du roi*, t. V, p. 73 et s.; V. Le Clerc, *Discours sur l'état des lettres*, t. I, p. 244.

depuis l'historiette renouvelée d'un fabliau, où la vertu d'un ermite est gravement exposée par la dame même qui lui avait donné l'hospitalité, jusqu'aux confidences peu morales des trois damoiselles qui jouent inutilement à la courte paille le trop volage Boucicaut ! Qu'une certaine grâce naïve règne dans ces récits, et qu'après avoir diverti les dames de la cour de Charles VI, ils ne soient pas sans charme même pour nous, je l'accorde ; mais, sous la plume d'un père s'adressant à ses filles avec l'intention de les instruire, quelle idée un pareil ouvrage ne donne-t-il pas du relâchement qui s'était introduit dans l'éducation des femmes nobles !

Devant la dépravation précoce qui s'insinuait par la lecture et par l'étude dans les âmes les mieux douées, on comprend que des esprits scrupuleux se soient demandé s'il était bon que les femmes reçussent quelque instruction littéraire. Chez les anciens, Plutarque, entre autres, s'était posé la même question, et, dans un traité que nous ne possédons plus, mais dont le titre nous a été conservé par Stobée (1), il s'était prononcé pour l'affirmative. Ce fut la solution contraire que François de Barberino adopta dans son curieux ouvrage *Del reggimento et de' costumi delle donne*, écrit au commencement du quatorzième siècle (2). Savoir coudre, filer, faire des bourses, travailler en un mot des mains, c'est là, selon Barberino, la science qui convient

(1) Ὅτι καὶ γυναῖκα παιδευτέον. V. Fabricius, *Bibl. Græc.*, éd. Harles, t. V, p. 197.

(2) Roma, 1815, in-8°. Voyez sur cet ouvrage et sur l'auteur un curieux article de M. Delécluze, *Revue française*, août 1838, p. 119 et suiv.

proprement aux jeunes filles, celle qui par la suite, quand elles seront mariées, leur sera le plus utile, non-seulement pour occuper leurs loisirs, mais, en cas de revers de fortune, pour sustenter leur existence. Est-il bon qu'elles soient instruites et même qu'elles sachent lire et écrire ? Le sévère moraliste avoue que les avis sont partagés, et qu'en se prononçant pour l'ignorance il étonnera et scandalisera de bons esprits ; mais les dangers de l'instruction le frappent encore plus que les avantages qu'elle peut avoir pour les femmes. Les connaissances qu'une femme possède fussent-elles bornées à la lecture et à l'écriture, Barberino appréhende qu'il n'en résulte pour elle des occasions et des tentations de pécher... « Je ne prétends pas, dit-il, qu'on puisse garder une femme qui ne veut pas se garder elle-même, mais je pense que l'homme peut enlever à celle qui a un mauvais naturel les occasions de mal faire, et écarter de l'âme de celle qui est bonne tout ce qui pourrait en altérer la pureté... Le meilleur parti, selon moi, est de faire apprendre aux filles toute autre chose qu'à lire et à écrire. » Barberino excepte le cas où il s'agit d'une jeune fille qui se destine à la vie religieuse ; il permet qu'on lui enseigne à lire, afin qu'elle soit en état de remplir les devoirs imposés par la règle du couvent : « Et toutefois, ajoute-t-il, n'était ce dernier motif, je louerais les parents de la laisser sans instruction. »

Nous ôterions à l'opinion de Barberino quelque chose de sa signification vraie, si nous n'ajoutions qu'il est bien plus explicite à l'égard des filles du peuple et de la bourgeoisie qu'à l'égard des filles nobles. Il conserve encore quelques doutes sur la manière d'élever celles-ci ; mais il n'en a aucun sur le mode d'éducation qui convient à celles-là ; il ne veut entendre parler pour elles d'aucune instruction, même la plus élémentaire : il les confine dans les soins du ménage, dans le travail des mains, et, pour le reste, dans l'ignorance.

Heureusement pour les femmes et pour le progrès de leur éducation, le sentiment de François Barberino trouvait, comme il s'y était attendu, moins de partisans que de contradicteurs. Sans parler de Vincent de Beauvais qui engage les familles nobles à donner de l'instruction à leurs filles, Christine de Pisan, aussi jalouse de l'honneur de son sexe que passionnée pour la science, a consacré un chapitre de sa *Cité des dames* à réfuter « ceux qui dient qu'il n'est pas bon que des femmes apprennent lettres (1). »

« Je me merveille trop fort, dit-elle, de l'opinion de aucuns hommes, qu'ilz ne vouldroient point que leurs filles, femmes ou parentes, aprenissent science, et que leurs meurs en empireroient. Par ce peuz tu bien veoir que toutes opinions d'hommes ne sont pas fondées sur raison, et que ceulx ont tort ; car il ne doit mye être présumé que de sçavoir les sciences morales, et qui aprennent vertu, les meurs doyent empirer, ains n'est point de doubte que ils anoblissent. Comme doncques est-il à penser que bonnes leçons et doctrine les peust empirer ? Cette chose n'est pas à soustenir. Je ne dis mye que bon fust qu'aucune femme estudiast es sciences de sorts et defendues ; car pour néant ne les a pas l'Église ostées du commun usaige ; mais que les femmes empirent de sçavoir

(1) Liv. IV, ch. xxxvi. Bibl. nationale, mss. franc., 807, 808 et 809.

du bien n'est pas à croire. N'estoit pas de celle opinion Quintus Ortencius qui fut à Rome grand rhétoricien et souverain orateur. Cellui ot une fille nommée Ortence, qu'il aima pour la subtilité de son engin, et la fit étudier en ladite science de rhétorique... Pareillement, à parler de plus nouveau temps, sans quérir les anciennes ystoires, Jehan Andry (1), solennel canoniste à Bouloigne, n'a pas LX ans, n'estoit pas d'opinion que mal fust que femmes fussent lettrées, quant à sa bonne et belle fille qu'il ama tant, nommée Nouvelle, fist aprendre lettres, et si avant, que quant il estoit occupé d'aucune besoigne, parquoy il ne povoit vacquer et lire à ses escoliers, il y envoyoit Novelle, sa fille, lire en sa chaire. Et afin que la beauté d'elle n'empeschast pas la pensée des escoutans, elle avoit une petite courtine devant son visaige. Et par celle manière elle aucunes fois allégeoit les occupations de son père, lequel l'ama tant, que pour mettre le nom d'elle en mémoire, fist une table en sa lecture de décrets qu'il nomma de sa fille la *Novelle*... »

Ainsi s'exprimait Christine de Pisan avec une noble confiance dans le pouvoir moral des arts libéraux. Elle prouvait elle-même, par son exemple, que la plus solide instruction peut s'allier chez les femmes aux plus nobles vertus; mais, au milieu des désordres de la cour de Charles VI, elle était une bien rare exception, autant par la régularité de sa conduite que par son brillant savoir; et, quelque zèle qu'elle montre dans ses écrits pour la défense de son sexe, il n'of-

---

(1) Il s'agit dans ce passage de Jean André, jurisconsulte, mort à Bologne en 1348. V. Fabricius, *Bibl. med. et inf. latin.*, t. I, p. 94, et t. IV, p. 49.

frait pas alors, surtout dans les familles féodales, beaucoup de modèles dignes d'être suivis. L'amour des lettres et celui des arts, la passion des beaux manuscrits et des splendides reliures, ce sont là, n'en déplaise à Christine de Pisan, les meilleures qualités des grandes dames du quatorzième et du quinzième siècle. Nous les découvrons chez Jeanne de Valois, sœur de Philippe VI; chez Bonne de Luxembourg, première femme de Jean le Bon; chez Isabeau de Bavière, chez Valentine de Milan, duchesse d'Orléans; chez Marie de Clèves, sa bru; chez Charlotte de Savoie, la seconde femme de Louis XI (1). Tel était le fruit précieux des leçons que ces femmes illustres avaient reçues dans leur jeunesse; mais chez plusieurs d'entre elles les qualités de l'esprit avaient été mieux cultivées que celles du cœur; le goût des arts libéraux était plus développé que le sentiment du devoir; leur éducation, à beaucoup d'égards, avait été frivole, et cette frivolité est une des causes qui ont dû contribuer à la corruption des mœurs de la noblesse française.

Que devenait cependant l'éducation des femmes du reste de la nation, c'est-à-dire de l'immense majorité du pays? Ce serait une égale erreur de croire qu'elle fût entièrement négligée, ou qu'elle fût l'objet de soins particuliers, suivis et féconds.

---

(1) Le savant ouvrage de notre confrère M. Léopold Delisle sur *le Cabinet des manuscrits de la Bibliothèque impériale*, Paris, 1868, in-4°, t. I, fournit de nombreux témoignages du soin que ces femmes illustres à des degrés divers mettaient à se procurer de beaux manuscrits et de belles reliures. Voyez notamment pag. 14, 18, 30, 91 et s., 104, 119, 120, etc.

Parmi les jeunes filles, les unes, pour la plupart de familles bourgeoises, étaient envoyées au couvent; les autres demeuraient avec leurs parents, et, quand ceux-ci étaient des artisans ou des laboureurs, elles étaient grossièrement élevées. Elles apprenaient, dès leurs plus tendres années, ainsi que l'avait ordonné en 1246 le concile de Béziers, le *Pater*, l'*Ave Maria*, le *Credo*, mais rien ou très-peu de chose au delà, si ce n'est à filer et à coudre, et dans les campagnes à manier la charrue, à sarcler l'avoine et le blé. Telle fut, pour citer un exemple illustre, la première et la seule éducation que reçut Jeanne d'Arc, qui ne savait, disait-elle, ni *a* ni *b*.

Il ne faut pas croire que dans les rangs de la bourgeoisie, même la plus haute, il n'y eût pas des femmes tout aussi peu lettrées que le fut la Pucelle; car la femme de Guillaume de Saint-Germain, procureur du roi au Parlement de Paris de 1365 à 1383, Denisette Mignon, ne savait elle-même ni lire ni écrire (1).

Cependant il ne manquait pas alors dans les campagnes ni dans les villes d'écoles élémentaires pour les deux sexes.

A partir du onzième siècle, on aperçoit dans la plupart des provinces la trace authentique de petites écoles, dont quelques-unes devaient, à notre avis, remonter jusqu'à Charlemagne. Le plus grand nombre étaient destinées aux garçons; mais, sous le règne de Philippe le Bel, il en existait aussi pour les filles, et elles se multiplièrent alors sensiblement. Dans le rôle de la taille de Paris en 1292, on ne voit figurer

---

(1) *Le Ménagier de Paris*, etc. Paris, 1847, in-8°, t. II, p. 104.

qu'une seule maîtresse, dame Tyfaine, qui résidait rue aux Ours, près la rue Saint-Denis (1); en 1380, on en trouve vingt et une, répandues dans les différents quartiers de Paris et formant une communauté (2).

A Paris, les maîtresses étaient, comme les maîtres d'école, soumises à l'autorité du chantre de Notre-Dame. Avant d'entrer en exercice, elles promettaient de lui obéir et d'observer fidèlement les statuts de la corporation. Ce serment prêté, elles recevaient du chantre pour un temps limité, en général pour une année qui expirait soit au 6 mai, jour auquel tous les maîtres et maîtresses de Paris se réunissaient sous la présidence du chantre, soit au 24 juin, à la Saint-Jean, la permission de tenir école, d'y façonner les jeunes filles aux bonnes mœurs et de leur enseigner l'abécédaire; car c'est là l'unique sens raisonnable que nous puissions donner à ces mots : *licentiam docendi puellas in litteris grammaticalibus*, qui se retrouvent dans la formule du serment et dans les diplômes parvenus jusqu'à nous (3). Ils ne désignent cer-

(1) *Paris sous Philippe le Bel*, par H. Géraud. Paris, 1837, in-4°, p. 54.

(2) Félibien. *Hist. de Paris*, t. III, p. 449.

(3) Voici un de ces diplômes que nous croyons inédit; nous l'empruntons aux archives de l'Université de Paris, aujourd'hui déposées à la Bibliothèque de la Sorbonne, carton 1er, liasse 3e, n° 7 : « Arturus de Vandetar, cantor et canonicus ecclesie Parisiensis, ad romanam ecclesiam nullo medio pertinentis, dilecte nostre Perrette la Couppenoire salutem in Domino. Cum ad nos ratione dicte cantorie nostre spectet scollarum Parisius et banleuce, tam de jure quam de usu, pacifica et approbata consuetudine, collatio et regimen, hinc est quod nos de vestris sufficientia et ydoneitate in Domino confidentes, regendi scollas Parisius in parochia sancti Germani Antissiodorensis, docendique et instruendi puellas in bonis moribus, litteris grammaticalibus ac aliis licitis et honestis, recepto tamen prius a vobis juramento in talibus prestari solito, de

tainement pas la grammaire prise dans toute son étendue, mais ses parties les plus élémentaires, c'est-à-dire la connaissance des lettres et la manière dont elles s'assemblent, enfin ce qu'il faut savoir pour être en état de lire couramment.

Que les enfants qui suivaient l'école aient appris à compter en même temps qu'à lire, c'est ce qui semble résulter d'un passage du *Ménagier de Paris*, dans lequel nous voyons plusieurs bourgeois s'amuser entre eux à faire l'épreuve du savoir de leurs femmes en fait de calcul. « Empreu, » dit Tassin à dame Tassine. Celle-ci, par orgueil, répond : « Je ne suis mie enfant pour apprendre à compter (1). »

Le règlement scolaire le plus ancien que nous possédions est de 1357 (2). Il renferme une disposition remarquable dont on rencontre déjà quelque trace dès le neuvième siècle : c'est la défense absolue qui est imposée aux maîtres de recevoir les filles avec les garçons dans leur école, et aux maîtresses de recevoir les garçons avec les filles. Cette interdiction formelle fut renouvelée à différentes reprises ; jamais, sous l'ancienne monarchie, elle ne fut levée, et au dix-septième siècle nous trouvons la séparation des sexes dans les

---

gratia speciali, licentiam vobis impertimus præsentibus usque ad nostram proximam synodum tantummodo valituris. Datum sub sigillo nostro, anno Domini M° CCCC° octuagesimo quarto, die sexta mensis maii. »

(1) *Le Ménagier de Paris*, t. Ier, p. 140.

(2) Félibien, *Hist. de Paris*, t. III, p. 447, a publié le texte de ces règlements d'après le recueil des *Statuts et Reglemens des petites escoles*, imprimé à Paris en 1672, 1 vol. in-12. Voyez aussi le solide et précieux travail de M. Philibert Pompée, *Rapport historique sur les écoles primaires de la ville de Paris*. Paris, 1839, 1 vol. in-8°, p. 156 et s.

écoles consacrée tout à la fois par les vieux statuts, par les ordonnances épiscopales et par les arrêts les plus récents du Parlement (1).

Il ne serait pas sans intérêt de savoir comment se recrutaient les maîtresses, ne fût-ce que pour mieux apprécier quel était leur degré d'instruction, et jusqu'où elles pouvaient conduire leurs élèves. Nous ne possédons aucun renseignement à cet égard; mais sous Louis XIV, dans une réponse au livre de Charles Joly sur les écoles ecclésiastiques, parmi les reproches que l'auteur anonyme, soit Edme Pourchot, soit Jacques de l'Œuvre, adresse au chantre de Notre-Dame, nous voyons figurer celui d'avoir accordé fréquemment l'autorisation de tenir école, non pas à des maîtres ès arts, mais à des sergents, à des fripiers, à des maçons, à des joueurs de marionnettes, à des personnes de toute profession (2). Il faut bien que Claude Joly ne se soit pas montré difficile sur les garanties d'aptitude à exiger des maîtres et des maîtresses d'école, pour qu'un pareil reproche ait pu lui être publiquement adressé; mais ce reproche même nous met sur la trace d'un fait qui a dû se reproduire au moyen âge bien plus fréquemment qu'au dix-septième siècle : c'est que les personnes pourvues de quelque instruction, pouvant et voulant se consacrer d'une manière exclusive à la tenue des petites

(1) Voyez notre *Histoire de l'Université de Paris au XVIIe et au XVIIIe siècle*, p. 193.

(2) *Factum ou Traité historique des écoles de l'Université de Paris en général avant l'an 1200; des écoles de grammaire en particulier avant l'an 1500, de l'exercice des petites écoles et de leur direction, contre M. Claude Joly, etc.* 1689, in-4°, p. 9.

écoles, étaient fort rares, et que, faute d'en trouver, le chantre de Notre-Dame était réduit à accepter des femmes d'artisans, des marchandes, de simples ouvrières, qui cumulaient avec leur profession ou leur travail le soin de veiller sur les jeunes filles de la paroisse et de leur apprendre à lire et à écrire. Parmi les vingt et une maîtresses d'école qui figurent dans un document authentique de l'année 1380, nous conjecturons qu'il en existait plus d'une appartenant à cette catégorie.

Nous n'avons parlé jusqu'ici que des écoles de Paris : ce sont les seules en effet sur lesquelles on ait des renseignements certains et précis : mais il n'est pas douteux que des écoles analogues n'aient existé dans les autres villes de France et dans les campagnes, soit qu'elles aient relevé, comme à Paris, de la juridiction épiscopale, exercée par le chantre, soit qu'elles aient été dans la dépendance du seigneur de la contrée. Ainsi un titre de 1405 mentionne une maîtresse d'école que les gens de l'hôtel-de-ville de Rouen dispensent des aides sur les vins, en raison de ses fonctions. Dans un autre titre qui nous éloigne un peu du moyen âge, car il est de 1519, il est question d'une école de filles établie sur le territoire de l'abbaye de Saint-Amand, et soumise à l'autorité de l'abbaye (1).

Citons, comme dernier exemple, une légende qui atteste à la fois l'existence d'écoles rurales et le charitable concours que les familles aisées prêtaient quelquefois à l'ins-

---

(1) *Recherches sur les établissements d'instruction publique dans l'ancien diocèse de Rouen*, par M. Ch. de Beaurepaire. Caen, 1863, in-4°, p. 31 et 32.

truction des enfants pauvres. Une jeune fille de la campagne, raconte Thomas de Cantimpré (1), conjurait son père de lui acheter un psautier pour apprendre à lire. « Mais comment, » lui disait son père, pourrais-je t'acheter un psautier? » c'est à peine si je gagne chaque jour de quoi t'acheter du pain. » L'enfant dans sa détresse implora la sainte Vierge qui, après une année de prières, lui apparut en songe, tenant à la main deux psautiers. Mais, au réveil, le songe se dissipa, et l'enfant, déçue dans son espoir, se mit à fondre en larmes. « Mon enfant, » lui dit alors son père, « le dimanche et les jours de fête va trouver la maîtresse d'école de la paroisse; prie-la de te donner quelques leçons, et efforce-toi, par ton zèle à bien apprendre, de mériter l'un des psautiers que tu as vus aux mains de la Vierge. » La petite paysanne obéit, et telle fut la rapidité de ses progrès dans la lecture, que les autres enfants, de familles aisées, qui fréquentaient l'école, en furent émerveillées; croyant à un miracle, elles se cotisèrent entre elles, raconte la légende, pour acheter à la jeune fille pauvre le livre de classe et de piété que ses parents n'avaient pas pu lui procurer.

De tout ce qui précède il résulte que les parents d'une jeune fille, si humble que fût leur position, n'étaient pas, au moyen âge, absolument dépourvus des moyens de la faire instruire par des mains étrangères. Profitaient-ils toujours des facilités qu'ils avaient? J'en doute beaucoup; car, si on en juge par le témoignage de Christine de Pisan, hors la cour et quelques grandes maisons, c'était peu l'usage de donner de l'instruction aux filles.

(1) *Bonum universale de apibus*, Duaci, 1627, in-8°, l. I, c. 23, p. 93.

Combien l'existence elle-même des écoles était précaire! Elles restaient à la merci des événements qui se passaient dans la contrée d'alentour. Le continuateur de Guillaume de Nangis témoigne qu'après la peste de 1348 on ne trouvait plus de maîtres pour enseigner les enfants (1). Ce fut bien pis encore après la guerre de cent ans contre les Anglais, lorsque, dans la moitié de la France, les campagnes eurent été dévastées et que dans les villages le nombre des feux eut diminué d'une manière sensible (2). Beaucoup d'écoles durent alors disparaître, et certainement celles qui étaient destinées aux filles ne furent point épargnées. L'ignorance devint générale parmi les femmes de la campagne; elle se répandit dans les villes et elle atteignit la bourgeoisie, sans épargner la noblesse elle-même.

A ce moment Constantinople succombait, et les Grecs, chassés de leur pays, apportaient avec eux en Europe les plus beaux chefs-d'œuvre de la littérature antique. Une lumière inespérée éclairait tout à coup les ténèbres qui s'épaississaient sur l'Occident. Quelle part les femmes ont-elles prise à cette renaissance des lettres païennes? Quelle influence a-t-elle exercée sur leur éducation? Nous laissons à de plus érudits que nous le soin d'élucider cette curieuse

---

(1) *Chronique de Guillaume de Nangis, etc.* Paris, 1843, in-8°, t. II, p. 216: « Pauci inveniebantur qui scirent aut vellent in domibus, villis et castris informare pueros in grammaticalibus rudimentis. »

(2) Sur la dépopulation des camapgnes en Bourgogne au commencement du quinzième siècle, voyez un savant travail de M. Simonnet dans les Mémoires de l'Académie des sciences et belles-lettres de Dijon, série 1re, t. XII, an. 1864. J'en ai rendu compte dans la *Revue des Sociétés savantes*, série 4, t. VI, p. 162 et s.

question. Bornons-nous, en terminant, à constater, comme la dernière conclusion de nos humbles recherches, que si, de Charlemagne à Louis XI, l'éducation des femmes laissa beaucoup à désirer sous une foule de rapports, cependant elle ne fut pas aussi nulle qu'on le croit généralement, et qu'il y eut alors des écoles monastiques et de petites écoles où les jeunes filles de toute condition étaient recueillies, tandis que les enfants des grandes familles recevaient au foyer domestique une assez riche culture, dont l'unique défaut fut souvent d'être un peu trop mondaine. L'œuvre, en un mot, était ébauchée; la partie, si je l'ose dire, était engagée contre l'ignorance, au nom des lumières et de la civilisation chrétienne; il s'agissait de la suivre et de la gagner. C'est la tâche difficile et honorable que la société du moyen âge légua aux générations suivantes.

Paris. — Typographie de Firmin Didot frères, imprimeurs de l'Institut, rue Jacob, 56.

www.ingramcontent.com/pod-product-compliance
Lightning Source LLC
LaVergne TN
LVHW010307230826
846091LV00007BB/2752

* 9 7 8 2 0 1 3 4 5 6 9 6 8 *